AF152550

BEI GRIN MACHT SICH IHR WISSEN BEZAHLT

- Wir veröffentlichen Ihre Hausarbeit, Bachelor- und Masterarbeit

- Ihr eigenes eBook und Buch - weltweit in allen wichtigen Shops

- Verdienen Sie an jedem Verkauf

Jetzt bei www.GRIN.com hochladen
und kostenlos publizieren

Die Herrschaftslegitimation von Walter Ulbricht. Eine kurze Betrachtung

Fabian Lenz

Bibliografische Information der Deutschen Nationalbibliothek:

Die Deutsche Nationalbibliothek verzeichnet diese Publikation in der Deutschen Nationalbibliografie; detaillierte bibliografische Daten sind im Internet über http://dnb.d-nb.de abrufbar.

ISBN: 9783346371751
Dieses Buch ist auch als E-Book erhältlich.

Druck und Bindung: Books on Demand GmbH, Norderstedt Germany
Gedruckt auf säurefreiem Papier aus verantwortungsvollen Quellen

Das vorliegende Werk wurde sorgfältig erarbeitet. Dennoch übernehmen Autoren und Verlag für die Richtigkeit von Angaben, Hinweisen, Links und Ratschlägen sowie eventuelle Druckfehler keine Haftung.

Das Buch bei GRIN: https://www.grin.com/document/999381

Fabian Lenz

„Die Herrschaftslegitimation von Walter Ulbricht"

Inhaltsverzeichnis

Einleitung

„Niemand hat die Absicht eine Mauer zu errichten." Diese Äußerung, welche seinerzeit der Staatsratsvorsitzende der DDR, Walter Ulbricht, in einer Pressekonferenz vom 15. Juni 1961 getätigt hat, sollte als eine der größten politischen Lügen in die Geschichte eingehen. Bereits 2 Monate darauf, am 13. August 1961, wurde mit dem Mauerbau begonnen und für die folgenden 3 Jahrzehnte wurde somit buchstäblich die Teilung der beiden deutschen Staaten zementiert.

Es scheint unstrittig, dass Ulbricht als Staatsoberhaupt und maßgeblicher Initiator des Projekts Mauerbau einen Platz in der Weltgeschichte gesichert hat, doch wer war eigentlich der Mann an der Spitze des ostdeutschen Staates?

In dieser Hausarbeit soll die Person Walter Ulbricht betrachtet und seine Herrschaftslegitimation als Oberhaupt der Deutschen Demokratischen Republik, anhand des Herrschaftsmodels des Soziologen Max Weber, untersucht werden.

Die schwierige Quellenlage ergibt sich hierbei aus der Zensur innerhalb der DDR. So sind Quellen entweder nicht erhalten, sehr tendenziös oder sogar bewusst manipuliert.[1] In dieser Arbeit werden im Besonderen die renommierten Werke ausgewiesener Biografen herangezogen, als auch ein Werk des Historikers Rainer Gries, welcher sich, dezidiert der Untersuchung des Personenkults, um Walter Ulbricht widmete.

---

[1] Stern, Ulbricht, S. 13f.

Ulbrichts Werdegang

Zur Klärung des Herrschaftsanspruchs von Walter Ulbricht ist es hilfreich einen Blick auf den Werdegang des späteren Generalsekretärs zu werfen, denn Abstammung, Vita und die Fähigkeiten bzw. Gesinnung, welche sich aus diesen Lebensabschnitten ableiten lassen, dienen als wichtige Indikatoren für die spätere Bestimmung des Herrschaftstyps.

Jugend

Walter Ernst Paul Ulbricht kam am 30. Juni 1893 als ältestes von drei Kindern in Leipzig zur Welt. Sein Vater war ein einfacher Schneider, die Mutter Schneiderin bzw. Hausfrau. Religion spielte keine Rolle, dafür jedoch waren die Eltern treue Parteigänger der SPD. Insbesondere der Vater engagierte sich bei parteiinternen Tätigkeiten oder Werbung, ohne jedoch Ambitionen zu zeigen, je selbst konstruktiv in der Partei tätig zu werden.[2]

Der junge Walter fand in der Schule Anschluss an eine Clique von Kindern anderer Arbeiter/Parteimitglieder, welche aus diesem Grunde „die Roten" genannt wurden. Dennoch hatte er einen eher schlechten Ruf unter gleichaltrigen, da er aus dem „Naundörfchen" (heute innere Westvorstadt), einem verrufenen Rotlichtviertel, stammte und nach Schilderung von Mitschülern ein eher stiller Zeitgenosse war, den viele daher fälschlich als dumm abtaten.

Da den Eltern die finanziellen Mittel für die höhere Schule fehlten, beendete Walter seine Schullaufbahn mit einem Volksschulabschluss im Jahr 1907 und fing eine Lehre als Möbeltischler an, welche er nach 4 Jahren erfolgreich abschloss.[3]

Politische Karriere

1912 schließlich trat der junge Ulbricht dann selbst in die SPD ein und fand dabei eine Heimat im linken, revolutionär eingestellten Flügel. Bereits zu Kriegsbeginn 1914 zählte der Tischler zu jenen, welche Flugblätter gegen den Krieg verteilten und den Kampf „Proletarier gegen Proletarier" aufs schärfste verurteilten, während die SPD mehrheitlich der allgemeinen Kriegsbegeisterung und dem Nationalgefühl folgte, gemäß der kaiserlichen Parole: „Ich kenne keine Parteien mehr, ich kenne nur noch Deutsche".

Im Folgejahr wurde auch Ulbricht zum Kriegsdienst eingezogen und verbrachte diesen stationiert in Galizien, dem Balkan, später dann in Belgien, unterbrochen von zwei Fluchtversuchen, welche ihn beide Male zurück nach Leipzig führten. Dort engagierte der

---

[2] Frank, Walter Ulbricht, S. 37ff.; dazu: Stern, Ulbricht, S. 17ff.
[3] Frank, Walter Ulbricht, S. 41ff.; dazu: Stern, Ulbricht, S. 21ff.

4

zwischenzeitlich zur USPD gehörige Ulbricht sich für die Bildung eines Arbeiter- und Soldatenrates und trat 1920 schließlich der Kommunistischen Partei (KPD) bei.[4]

Im darauffolgenden Jahr wurde er (zunächst kommissarisch) Landessekretär des KPD-Bezirks „Großthüringen" und stellte hier sein Talent für die Führung eines Verwaltungsapparates erstmals eindrucksvoll zur Schau. Auch in den Jahren 1922-24 gab es mit der Reise zum Weltkongress der kommunistischen Internationalen (Komintern), der Wahl in die KPD Zentrale, missglückten Putschvorbereitungen sowie dem Parteiverbot (11.1923- 02.1924), gefolgt von der Abwahl (und damit Arbeitslosigkeit) Ulbrichts auf dem neunten Parteitag, gravierende Höhen und Tiefen im politischen Leben Ulbrichts.[5]

Aufgrund seiner Nähe zur bisherigen Parteiführung, den Initiatoren des gescheiterten Staatsstreichs hatte Ulbricht trotz seiner späteren Distanzierung von diesen, die Gunst der neuen Parteiführung verloren. Dennoch folgte durch seine strikte Unterstützung der, damals unter deutschen Kommunisten, unpopulären Pläne der Komintern, im September 1924, eine Anstellung in der Organisationsabteilung der Komintern in Moskau.[6]

Erst Anfang 1926 kehrte Ulbricht zurück, nachdem die Komintern die Führung der KPD entmachtet und den ihnen wohlgefälligen Ernst Thälmann an deren Spitze installiert hatte.[7]

Ulbricht wurde zudem 1926 zum sächsischen Landtagsabgeordneten gewählt (und genoss damit Immunität gegen einen seit 1923 gegen die mutmaßlichen Putschisten vorliegenden Haftbefehl). In dieser Zeit zeigte sich vor allem weiter seine Treue zur Komintern, seine gute Sachkenntnis sowie ein Talent zur Agitation. Bald darauf erzielte die KPD 10,6% bei den Reichstagswahlen und Ulbricht wurde so bis zur „Machtergreifung" Reichstagsabgeordneter.

Noch 1933 emigrierte Ulbricht dann nach Paris, später Prag und befasste sich im Ausland stetig weiter mit der innerdeutschen Politik, beteiligte sich an der Bildung einer Widerstandsgruppe aus SPD & KPD (Deutsche Volksfront) und verstand es seine Bedeutung für Russland durch ungeschönte, aber realistische Einschätzung der Lage der deutschen Arbeiter zu sichern.[8] Gleichwohl ging aus einem Schreiben der SPD-Mitglieder jener Deutschen Volksfront hervor, dass das Unternehmen nicht zuletzt scheiterte, da Ulbricht eine zu dominante Rolle der KPD in

---

[4] Frank, Walter Ulbricht, S. 57f.; dazu: Stern, Ulbricht, S. 36ff.; dazu: Kellerhoff, Sven Felix: Welt. Spitzbart und Genie der Anpassung.

[5] Frank, Walter Ulbricht, S. 62ff.; dazu: Stern, Ulbricht, S. 65ff.

[6] Frank, Walter Ulbricht, S. 69ff.; dazu: Stern, Ulbricht, S. 69.

[7] Kiechle, Fritz Selbmann, S. 82.

[8] Stern, Ulbricht, S. 84 u. 119; dazu: Kiechle, Fritz Selbmann, S. 142; dazu: Frank, Walter Ulbricht, S. 103ff.

dieser Bewegung forderte und so wurde er 1938 nach Moskau zitiert, als ein Parteiverfahren gegen Ulbricht angestrebt wurde, welches am 5. Juli 1939 mit einem Freispruch endete.[9]

Durch die Bekanntermaßen stattfindenden „stalinistischen Säuberungen", welchen auch 70% der im Exil lebenden deutschen Kommunisten zum Opfer fielen, schien unbedingter Gehorsam der einzige Überlebensweg und prägten nicht zuletzt auch Ulbrichts Denken in den Exiljahren 1938 – 1945 und darüber hinaus.[10]

Ab dem 6.2.1944 planten zahlreiche Arbeitsgruppen die Rückkehr nach Deutschland, als eine der wichtigsten galt hierbei die „Arbeitskommission für politische Probleme" welcher auch Ulbricht angehörte und sich dort für eine ziemlich radikale Umsetzung des Sozialismusmodells nach sowjetischem Vorbild einsetzte und auch in diesen Tagen schon über Parteienfusion zu einer einzelnen Massenpartei fantasierte in der natürlich die KPD eine tragende Rolle spielte.[11]

SED, DDR, Ulbricht als Generalsekretär

Ende April 1945 war es dann schließlich so weit, 32 KPD Funktionäre, darunter Ulbricht, kehrten als Erste in ihre deutsche Heimat zurück. Diese waren instruiert in Deutschland zunächst an der Gestaltung eines bürgerlich-demokratischen Systems mitzuwirken, ausdrücklich nicht jenem sozialistischen System, auf das man insgeheim hinarbeitete, da Stalin aus gutem Grund an der Bereitschaft der Deutschen zweifelte, ein solches System sogleich mitzutragen und er sich so Einfluss auch jenseits der Sowjetischen Besatzungszone (SBZ) erhoffte.[12]

Zurück in Deutschland wurden alle Mitglieder der „Gruppe Ulbricht" Mitarbeiter der (sowjetischen) Politischen Hauptverwaltung (PUR) und waren in dieser Funktion völlig weisungsgebunden. Eine ihrer ersten Aufgaben war es, neue Bezirksverwaltungen einzusetzen, wobei Wert darauf gelegt wurde, dass eine gewisse Scheindiversität vorlag. Aus diesen Tagen stammt auch der viel zitierte Ausspruch Ulbrichts: *„Es muss demokratisch aussehen, aber wir müssen alles in der Hand haben."*[13]

Mit dem „Befehl Nr. 2" der Sowjetischen Militäradministration vom 10. Juni 1945 erlaubten die Sowjets als Erste die (Neu-)Gründung von Parteien & Organisationen unter der Vorgabe,

---

[9] Frank, Walter Ulbricht, S. 124ff.; dazu: Stern, Ulbricht, S. 88ff.
[10] Frank, Walter Ulbricht, S. 139f.; dazu: Stern, Ulbricht, S. 94ff.
[11] Frank, Walter Ulbricht, S. 174ff.
[12] Frank, Walter Ulbricht, S. 177ff.; dazu: Stern, Ulbricht, S. 135; dazu: Alisch, Die DDR von Stalin bis Gorbatschow, S. 135.
[13] Frank, Walter Ulbricht, S. 188ff.; dazu: Stern, Ulbricht, S. 121ff.

dass sich Jene einem sogenannten „antifaschistisch-demokratischen Block" anschlossen. Zu diesem zählten KPD, SPD, CDU und die Liberal-Demokratische Partei Deutschlands (LDP).[14]

Unter massivem Druck der sowjetischen Besatzer wurden zudem am 22.4.1946 KPD und SPD zur Sozialistischen Einheitspartei Deutschlands (zwangs-)vereinigt. Der Partei, welcher folglich auch Ulbricht angehörte und die während des 41-jährigen Bestehens der DDR faktisch die politische Macht im Land innehatte.[15]

Innerhalb der SED wurde Anfang 1949 eine Umstrukturierung der Partei zu einer „Partei neuen Typus" nach sowjetischem Vorbild beschlossen. Wichtigster Punkt hierbei ist in diesem Kontext die Auflösung des bisherigen Zentralsekretariats und die Schaffung des Politbüros (als Führungsebene der Partei), insbesondere des sogenannten „Kleinen Sekretariats" mit seinen fünf Mitgliedern, welche für die Vorbereitung und die Durchführung von Beschlüssen des Politbüros zuständig waren. Der Leiter jenes Kleinen Sekretariats wurde Walter Ulbricht.[16]

Als Folge der Konstitution des 1. Deutschen Bundestags am 7.9.1949 reagierten auch die Vertreter der SED in Absprache mit Stalin und so erfolgte am 7. Oktober 1949 die Gründung der DDR.

Bereits am 17.10.1949 wurde vom Zentralkomitee (ZK) der SED daraufhin beschlossen, dass alle Gesetze fortan der Zustimmung des Politbüros der SED bedurften. Ulbricht als Leiter des Kleinen Sekretariats wurde am 25. Juli, während des Dritten Parteitags der SED, einstimmig zum Generalsekretär des ZK der SED erklärt. Folglich begann er damit seine Macht nunmehr zu sichern, indem er freiwerdende Stellen in eben jenem „Kleinen Sekretariat" sowie Plätze im ZK vorzugsweise mit seinen Vertrauten besetzte. Somit war Walter Ulbricht am Höhepunkt seiner Macht angekommen und würde diese auch bis 1971 nicht mehr abgeben.[17]

Herrschaftsmodelle nach Max Weber

Nach dieser Biografie Ulbrichts bis zu seinem Herrschaftsantritt werden im folgenden Abschnitt die verschiedenen Typen der Herrschaftslegitimation nach Max Weber aufgezeigt.

Weber definiert hierbei die Herrschaft als: „den Tatbestand [...]: daß ein bekundeter Wille („Befehl") des oder der „Herrschenden" das Handeln anderer (des oder der „Beherrschten")

---

[14] Frank, Walter Ulbricht, S. 193; dazu: Stern, Ulbricht, S. 198ff.; dazu: Suckut, Parteien, S. 5ff.
[15] Frank, Walter Ulbricht, S. 198ff.; dazu: Stern, Ulbricht, S. 130f.; dazu: Suckut, Parteien, S. 21ff.
[16] Frank, Walter Ulbricht, S. 215ff.; dazu: Stern, Ulbricht, S. 137; dazu: Suckut, Parteien, S. 99ff.
[17] Frank, Walter Ulbricht, S. 215ff. u. 299ff.; dazu: Kellerhoff, Sven Felix: Welt. Spitzbart und Genie der Anpassung; dazu: Kiechle, Fritz Selbmann, S. 468.

beeinflussen will und tatsächlich in der Art beeinflußt, […] als ob die Beherrschten den Inhalt des Befehls, um seiner selbst willen, zur Maxime ihres Handelns gemacht hätten („Gehorsam")" oder anders formuliert: Die Wahrscheinlichkeit, dass ausgesprochene Befehle von bestimmten Personen befolgt werden. Weiter knüpft Weber den Bestand der Herrschaft an gewisse Legitimitätsgründe, welche seitens des Beherrschten empfunden werden müssen. Sie dienen als Selbstrechtfertigung des Beherrschten für sein Handeln, wenn es um das Befolgen von Befehlen geht.[18] Weber hat in diesem Zusammenhang drei Herrschertypen mit jeweils eigener Legitimation identifiziert:[19]

Der legale/rationale Herrscher

Die „legale Herrschaft" fußt laut Weber auf schriftlich niedergelegten, verbindlichen Regeln welche sowohl für den Herrscher, somit dem „Vorgesetzten", als auch für die Beherrschten, den „Verbands-mitgliedern" z.b. den Bürgern, gelten. Essentiell ist, dass der Herrscher entweder gewählt oder bestellt wurde und Gehorsam gegenüber den gesatzten Regeln, nicht dem Herrscher kraft seines Eigenrechts besteht. Der Herrscher hat überdies die „Amtspflicht" zu achten, Weber schreibt hierzu „sine ira et studio" (lat. ohne Zorn und Eifer), gemeint ist: Objektiv, rational, ohne Emotion, unwillkürlich, ohne Ansehen der Person und falls nötig schlicht „sachlich zweckmäßig" zu entscheiden.[20]

Die Verwaltung innerhalb des Systems ist hierarchisch strukturiert und die zuständigen Personen werden gemäß (beruflicher) Spezialisierung und nach fachlicher Kompetenz ihrem streng abgegrenzten Aufgabenbereich zugewiesen.

Die reinste Form der legalen Herrschaft ist die „Bürokratie", wobei kein Herrschaftssystem in der Realität rein bürokratisch ist, da alle Menschen vom „Makel" der Emotionalität behaftet und interessengetrieben sind und schon die Wahl der/des Vorgesetzten nicht frei von völlig subjektiv empfundenen Gesichtspunkten erfolgt.[21]

Der traditionelle Herrscher

Die „traditionelle Herrschaft" fußt auf dem Glauben an die (häufig sakralen) seit jeher bestehenden Herrschaftsverhältnisse. Der „Herr" bestimmt über seine „Untertanen", wobei seine Weisungsbefugnis dort ihre Grenzen finden, wo sie mit den Traditionen bricht, er ist also in seinen Bestimmungen an die Einhaltung der gewohnheitsmäßigen Ordnung gebunden. Im

---

[18] Weber, MWG – Herrschaft, S. 135; dazu: Weber, Grundriss der verstehenden Soziologie, S. 38.
[19] Weber, MWG – Herrschaft, S. 148.
[20] Weber, MWG – Herrschaft, S. 727; dazu: Weber, Grundriss der verstehenden Soziologie, S. 12.
[21] Weber, MWG – Herrschaft, S. 157ff. u. 726ff.

Gegensatz zur legalen Herrschaft ist die traditionelle Herrschaft nicht bereit, bestehende Grundsätze nach Bedarf zu ändern. Abgesehen von diesen für die Herrschaft essentiellen, unabänderlichen Prinzipien fußt die Herrschaft jedoch ausschließlich auf (herrschaftlicher) Interpretation und der Bereitschaft der Untertanen, diese kraft seiner überlegenen Weisheit, anzuerkennen (Billigkeitsgefühl).

Die reinste Form der traditionellen Herrschaft ist die „patriarchale Herrschaft" in der alle, prinzipiell rechtlosen Untertanen von den willkürlichen Entscheidungen des Herren abhängen. In der patriarchalischen Verwaltung ist es ebenso allein der Herr welcher nach Gutdünken, nicht nach Befähigung, die Posten vergibt und in der die entsprechenden Diener unselbstständig und fremdgesteuert den Willen ihres Herrn umsetzen.[22]

Der charismatische Herrscher

Der letzte Herrschaftstyp ist die „charismatische Herrschaft", sie basiert auf der emotionsgetriebenen Hingabe an einen „Führer", welchem seine „Jünger" kraft seiner charismatischen Eigenschaften folgen. Propheten, Kriegshelden, große Demagogen sind alle mögliche Beispiele für charismatische Herrscher, welche durch ihre einzigartig erscheinenden Fähigkeiten zu begeistern verstehen und sich die Gefolgschaft ihrer Anhänger sichern. Gleichzeitig fordert der charismatische Herrscher die Anerkennung dieses Führungsanspruchs ein und ahndet einen Mangel an Gehorsam. Durch diesen Umstand ist die charismatische Herrschaft auch die fragilste, da sie bloß Bestand hat, solange der charismatische Herrscher jene außergewöhnlichen Qualitäten, seien es Kampfkraft, Redekunst oder schlichtes Glück unter Beweis stellen bzw. diese bewahren kann.

Die Verwaltung innerhalb der charismatischen Herrschaft fällt Personen zu, welche sich ebenso durch ihr Charisma besonders hervorgetan haben und primär geht es hier um Entscheidungen von Fall zu Fall, gewissermaßen einer Probe dieser Eignung.

Eine Besonderheit ist das Fortdauern dieser Herrschaftsform nach dem Ausscheiden des bisherigen Führers, da es fraglich ist ob dessen biologische, vorbestimmte oder selbsterklärten Nachfolger im Stande sind einen ebenso auf Charisma fußenden Herrschaftsanspruch durchzusetzen. Die logische Konsequenz ist, dass charismatische Herrscher dazu neigen, die Herrschaftsfolge durch Überführung in ein anderes Herrschaftssystem zu sichern.[23]

---

[22] Weber, MWG – Herrschaft, S. 729ff.
[23] Weber, MWG – Herrschaft, S. 460ff. u. 734ff.

Walter Ulbricht - Herrschaftstyp

Nach dieser Definition der drei Herrschaftsformen soll es im Folgenden darum gehen, aufzuzeigen, welchem Typus die Herrschaft Ulbrichts in den Jahren 1949 – 1971 entsprach.

Ulbricht, der legale Herrscher?

Anhand der Biografie Ulbrichts wird schnell ersichtlich, dass er sich seit Beginn seiner politischen Karriere stets in klar strukturierten Tätigkeitsfeldern bewegt hat. Ulbricht war tätig als: Landessekretär, Land-/Reichstagsabgeordneter, Mitarbeiter der Komintern/PUR, Generalsekretär des ZK etc. dies alles zeugt von einer festen Einbindung in bestehende oder neu geschaffene, jedoch stets formal gesatzte Verwaltungsstrukturen.

Hierbei gab es zwar durchaus Phasen, in denen sich der als Deserteur/Putschist/Kommunist gesuchte Ulbricht in der Illegalität bewegte, doch zum einen gibt es durchaus den Fall konkurrierender Herrschaftssysteme, zum anderen zeugt dies im Falle der legalen Herrschaft lediglich davon, dass es sich bei Ulbricht damals (wie auch später) nicht um einen Herrscher im Sinne einer reinen Bürokratie handelte, da er stets Eigeninteressen verfolgte und nicht selten subjektiven Ansichten den Vorzug vor seiner Amtspflicht gab. Ein weiterer Umstand, an dem dies gut festzumachen ist, ist seine Neigung wichtige Posten an Bekannte und Vertraute zu vergeben, anstatt auf die fachliche Kompetenz allein zu vertrauen.[24]

Dennoch wird Ulbricht in nahezu sämtlicher einschlägiger Literatur vor allem als Bürokrat bzw. „Apparatschik" beschrieben, was nach Pierre Bourdieu vor allem dadurch gekennzeichnet ist, „dass sein zentrales oder mitunter einziges soziales Bezugssystem der organisatorische Apparat ist, welchem er seine Stellung verdankt".[25] Auch Berichte von Zeitzeugen attestieren Ulbricht hierbei stets eine unnahbare, steife, auf die Arbeit fokussierte und vor allem nach dem Moskauer Exil parteitreue Art, welche bereits in seiner Jugend anklang.[26]

Seinem organisatorischen Aufbau nach beruhte der Verwaltungsapparat der DDR auf einem formal gesatzten, in konkrete Aufgabenbereiche gegliederten Behördenwesen, nur der Umstand, dass Ulbricht in seiner Position als Generalsekretär die Entscheidungen mehr oder weniger nach Belieben traf, zeugt davon, dass es sich bei seiner Herrschaft nicht um eine rein bürokratische gehandelt haben kann.[27]

---

[24] Frank, Walter Ulbricht, S. 62f. u. 216.; dazu: Stern, Ulbricht, S. 148ff.
[25] Vgl. Bourdieu, Der Tote packt den Lebenden, S. 44f.
[26] Stern, Ulbricht, S. 35ff, 62ff. u. 154; dazu: Kiechle, Fritz Selbmann, S. 56; dazu: Alisch, Die DDR von Stalin bis Gorbatschow, S. 137; dazu: Frank, Walter Ulbricht, S. 57 u. 63.
[27] Frank, Walter Ulbricht, S. 216; dazu: Alisch, Die DDR von Stalin bis Gorbatschow, S. 138ff.

Ulbricht, der traditionelle Herrscher?

In der DDR fanden regelmäßig Wahlen zur Volkskammer (dem Parlament der DDR) statt, wobei bereits die 1. Wahl am 15.10.1950, wie auch alle darauffolgenden Wahlen bis 1986, manipuliert waren. So waren nur Kandidaten zur Wahl zugelassen, welche die Nationale Front (bis Mai 1949 Antifaschistischer Block), im Vorfeld bestimmt hatte. Die Wahlsieger und die Sitzverteilung standen schon im Vorfeld fest und es war nicht üblich selbst einen Kandidaten im freien Wettbewerb auszuwählen, sondern vielmehr den Wahlzettel als Ausdruck der Zustimmung ungelesen zu Falten und in die Wahlurne zu werfen.[28] Auch die Verfassungsreform welche 1968 erfolgte und in Artikel 1 Absatz 1 den Führungsanspruch der SED in der Verfassung festschrieb, ist Ausdruck dieser Mentalität.[29] Somit ist es durchaus berechtigt auch von einer traditionellen Herrschaft innerhalb der DDR mit Ulbricht als oberstem Herren zu sprechen.

Dafür spricht ebenfalls der zuvor erwähnte Einfluss Ulbrichts, welcher sich in sämtliche Verwaltungsressorts erstreckte und den dort tätigen Mitarbeitern ihre zu unternehmenden Arbeitsschritte diktiert. Gleichermaßen war es Sitte, dass die Rollenverteilung innerhalb des von Ulbricht geführten Herrschaftssystems über persönliche Beziehungen funktionierte.[30]

Gegen die These von Ulbricht als traditionellem Herrscher sprechen indes die Handlungen der Beherrschten zur Anfangszeit der DDR. So zeigte sich deutlich, dass nicht bloß die spezifische Unterstützung für Ulbricht, sondern auch die diffuse Unterstützung für das politische System der DDR in weiten Teilen der Bevölkerung nicht in ausreichendem Maße vorhanden war.[31]

Dies manifestierte sich besonders deutlich in dem Aufstand von 1953, als die Misswirtschaft der DDR und ein Führungswechsel beim Suzerän, der UdSSR (im März des Jahres war Stalin gestorben), die Arbeiter in der gesamten DDR auf die Straßen trieb und gewaltsam niedergeschlagen worden ist. Als auch in der anhaltenden Emigration in den Westen, welchem erst 1961 durch die Berliner Mauer zwangsweise Einhalt geboten wurde.[32]

Auch der selbsterklärte Herrschaftsanspruch in der DDR war formal demokratischer und die Bevölkerung hatte, trotz fragwürdiger Justiz und Bespitzelung nie offiziell den Status

---

[28] Cantow, Wahl der DDR-Volkskammer bis 1986; dazu: Suckut, Parteien, S. 91ff.
[29] Verfassung der DDR (1968 Art.1 I).
[30] Stern, Ulbricht, S, 75; dazu: Suckut, Parteien, S. 83; dazu: Frank, Walter Ulbricht, S. 216.
[31] Easton, A systems analysis of political life, S. 267ff.
[32] Frank, Walter Ulbricht, S. 346ff.; dazu: Kiechle, Fritz Selbmann, S.342ff.

entrechteter Untertanen. Auch Ulbrichts eigener Anspruch: *„Es muss demokratisch aussehen, aber wir müssen alles in der Hand haben.“* Zeugt eher von einem anderen Herrschaftstyp.

Ulbricht, der charismatische Herrscher?

Das 20. Jahrhundert ist geprägt von Führern, die überall auf dem Globus kraft ihres Charismas verschiedene Systeme etablieren konnten. Doch wie sieht es diesbezüglich bei Ulbricht aus?

Rainer Gries, welcher sich stark mit dem Personenkult um den „Landesvater" Walter Ulbricht befasst hat merkt hierzu an, dass Ulbricht ein Mann von kleiner Statur (1,65m) gewesen sei der auch sonst keinen äußerlich attraktiven Eindruck machte. Dazu kamen mangelndes Redevermögen, ein sächsischer Dialekt, eine hohe Fistelstimme und die Eigenart stets Suggestivfragen zu stellen und Sätze allzu häufig mit einem „...ja?" zu beenden.

Ein weiteres charismatisches Manko, ist zudem stets eine der Stärken Ulbrichts gewesen. Er war immerzu eher und besser über sämtliche Angelegenheiten informiert als seine politischen Konkurrenten, ein Umstand, den er selbst weitestgehend forcierte und sich somit den Respekt seiner Wegbegleiter und eine rasche Karriere im Verwaltungsapparat sicherte. Dies machte es seinen Gesprächspartnern gleichwohl unmöglich ihm unvoreingenommen gegenüberzutreten, wusste er doch auch über sie und ihre Arbeit stets bestens Bescheid.[33]

Auch schildern etliche Quellen, dass es nahezu unmöglich schien Ulbricht in einem unbekümmerten Zustand anzutreffen. Er war mit den Gedanken stets bei der Arbeit und auch in der Freizeit wirkte er steif, stoisch und schien sich bloß aufgesetzt anderen Tätigkeiten hinzugeben, was es für seine Mitmenschen unbehaglich machte privat mit ihm zu verkehren.[34]

Die politische Karriere Ulbrichts zeugt überdies von einer ziemlichen Skrupellosigkeit, wenn es darum ging Konkurrenten auszustechen und er galt als streitlustig. Hatte man die Gunst Ulbrichts verloren, dann auf Dauer und es wurde deutlich zur Schau gestellt.

Diesem Punkt folgend erkennt man allerdings auch ein Argument für Ulbricht als charismatischen Herrscher, denn er selbst ließ kaum Kritik an seiner Person zu und war extrem nachtragend. Im Falle eines Streits erwartete er stets Solidaritätsbekundungen von dritten Parteigenossen und überließ die Veröffentlichung unpopulärer Maßnahmen allzu häufig

---

[33] vgl. Gries, „Walter Ulbricht – das sind wir alle!", S. 196ff.; dazu: Stern, Ulbricht, S. 150.
[34] Stern, Ulbricht, S. 154 u. 163.; dazu: Frank, Walter Ulbricht, S. 57 u. 63.

anderen Parteigenossen, welche durch den öffentlichen Druck dann umso abhängiger vom Rückhalt in der Partei, letztlich also auch seiner Fürsprache waren.[35]

Ein weiteres Argument für den Anspruch einer charismatischen Herrschaft ist sicherlich auch der Personenkult, nach stalinistischem Vorbild, welcher um Ulbricht betrieben wurde. Zwar wurden ausschweifenden Feierlichkeiten zu seinem 60. Geburtstag durch den Aufstand 1953 überschattet und es erfolgte eher eine Huldigung im kleinen Kreise, doch das änderte nichts daran, dass die Propaganda der 50er Jahre Ulbricht als sozialistischen Übermenschen stilisierte.[36] Er war der aus einfachen Verhältnissen stammende Arbeitersohn welcher als Bindeglied zwischen „dem Alten" und „Neuen" einen völlig neuen Typ eines Politikers, eines Anführers verkörperte und in genialer Weise wegweisende Entscheidungen zum Wohle der sozialistischen Gemeinschaft traf. Auch seine Rolle als Landesvater wurde ab Herbst 1960 nach dem Tod Wilhelm Pieks (des ersten und einzigen Staatspräsidenten der DDR) verstärkt bekundet und die Propaganda setzt nun verstärkt auf ein väterliches, menschliches und volksnahes Bild des ikonisierten Führers.[37]

Tatsächlich bediente sich Ulbricht auch, wie in der Verwaltung eines charismatischen Herrschaftssystems üblich, der Popularität und des Charismas anderer, langjähriger Mitstreiter wie Ernst Thälmann, Juri Gagarin oder verwies gerne auf seine Bekanntschaft zu dem 1924 verstorbenen Lenin, dessen Optik er nacheiferte.[38] Doch dies Alles täuschte nicht darüber hinweg, dass Ulbricht selbst nicht über das ihm angedichtete Charisma verfügte.

[35] Stern, Ulbricht, S, 208ff. u. 245; dazu: Kiechle, Fritz Selbmann, S. 405ff. u. 422ff.
[36] Gries, Walter Ulbricht, S. 201ff.; dazu: Kellerhoff, Sven Felix: Welt. Spitzbart und Genie der Anpassung.
[37] Gries, Walter Ulbricht, S. 196ff. Dazu: Müller, „Und, was ist das Neue?", S. 148ff.; dazu: Kosing, Staatsmann der DDR, S. 42ff.; dazu: Stern, Ulbricht, S. 237.
[38] Gries, Walter Ulbricht, S. 217f.

Fazit

Nachdem nun zahlreiche Argumente für bzw. gegen Ulbricht als Herrscher im Sinne des weber'schen Herrschaftsbegriffs zusammengetragen wurden, muss man feststellen, dass Ulbricht keinem der „reinen Herrschaftstypen" völlig gerecht wird.

Gleichwohl finden sich bei ihm Elemente eines jeden Herrschaftstyps und durch seinen Eifer, seine Taktik, seinen Opportunismus und seine Härte hat er sich einen Platz an der Spitze der DDR erarbeitet.

Er war keineswegs der charismatische Führer, welcher seinerzeit von den DDR-Medien gezeigt wurde und doch steht er nahezu sinnbildlich für die DDR mit seinem Glauben an den Sozialismus und dem durch Korruption und Misstrauen geprägten Verwaltungsapparat, welcher diese Ideologie allezeit sabotiert hat.

Ebenso fußte seine Herrschaft trotz der Scheinwahlen nie auf einer unabänderlichen, schlicht gewohnheitsmäßigen Tradition, was auch in den Jahren vor seinem Tod deutlich wird, als er immer mehr die Gunst Moskaus verspielt und durch den Putsch Honeckers in's Hintertreffen gerät.

Am ehesten scheint Ulbricht einen Vorgesetzten innerhalb eines bürokratischen Verwaltungsapparates zu verkörpern, der sowohl die tüchtigen, rationalen und kompetenten Stärken dieser Herrschaftsform aufweist, als auch anschaulich den theoretischen Charakter dieses Herrschaftstyps unter Beweis stellt, da Eigeninteresse, Vetternwirtschaft und persönliche Fehden seine politische Karriere stets prägten, so auch als er selbst die Erfolgsleiter im Verwaltungsapparat erklomm, bis er für knapp 20 Jahre an dessen Spitze stand.

Quellen- und Literaturverzeichnis

Alisch, Steffen: Die DDR von Stalin bis Gorbatschow. Der sowjetisierte deutsche Teilstaat 1949 bis 1990, in: Hans-Peter Schwarz (Hrsg.): Die Bundesrepublik Deutschland. Eine Bilanz nach 60 Jahren. München 2008, S. 135-156.

Bourdieu, Pierre: Der Tote packt den Lebenden, Hamburg 1997.

Cantow, Matthias; Fehndrich, Martin: DDR – Volkskammerwahl bis 1986, Wahl der DDR-Volkskammer bis 1986 (17.03.2009), URL: https://www.wahlrecht.de/lexikon/ddr.html (Stand 02.12.2020)

Easton, David: A systems analysis of political life, New York 1965.

Frank, Mario: Walter Ulbricht : eine deutsche Biografie, Berlin 2001.

Gries, Rainer: „Walter Ulbricht - das sind wir alle!" Inszenierungsstrategien einer charismatischen Kommunikation, in: Frank Möller (Hrsg.): Charismatische Führer der deutschen Nation, München 2004, S. 193-218.

Kellerhoff, Sven Felix: Welt. Spitzbart und Genie der Anpassung (30.06.2013), URL: https://www.welt.de/geschichte/article117545643/Walter-Ulbricht-Spitzbart-und-Genie-der-Anpassung.html (Stand 02.12.2020).

Kiechle, Oliver: Fritz Selbmann als Kommunist und SED-Funktionär – Individuelle Handlungsspielräume im System, Düsseldorf 2013.

Kosing, Alfred: Der bedeutendste Staatsmann der DDR, in: Egon Krenz (Hrsg.): Walter Ulbricht – Zeitzeugen erinnern sich, Berlin 2013.

Müller, Helmut: Und stets stellte er die berechtigte Frage: „Und, was ist das Neue?", in: Egon Krenz (Hrsg.): Walter Ulbricht – Zeitzeugen erinnern sich, Berlin 2013.

Stern, Carola: Ulbricht : Eine politische Biografie. Köln 1963.

Suckut, Siegfried: Parteien in der SBZ/DDR 1945–1952, Bonn 2000.

Verfassungen der DDR, Verfassung der Deutschen Demokratischen Republik vom 9. April 1968 (12.04.2004), URL: http://www.verfassungen.de/ddr/verf68-i.htm (Stand: 02.12.2020).

Weber, Max: Wirtschaft und Gesellschaft: Grundriss der verstehenden Soziologie: Grundriss der verstehenden Soziologie, 3. Auflage, Tübingen 2005.

Weber, Max, Max-Weber-Gesamtausgabe : Band I/22,4 Wirtschaft und Gesellschaft. Herrschaft. Tübingen 2005.